ÉTUDE COMPARÉE

DE

LA MONARCHIE

ET DE

LA DÉMOCRATIE

CHARTRES. — IMPRIMERIE ÉD. GARNIER.

ÉTUDE ANALYTIQUE

ET COMPARÉE

DE LA

MONARCHIE DYNASTIQUE

HÉRÉDITAIRE

ET DE

LA DÉMOCRATIE

Par le Dr Jules GUYOT

CHARTRES
PETROT-GARNIER, LIBRAIRE-ÉDITEUR
Place des Halles, 16 et 17

—

1871

AVANT-PROPOS

Le travail que j'offre ici au public ne présente aucun attrait de style, d'épisode ni d'histoire.

C'est une étude purement scientifique qui comporte toute l'aridité d'une démonstration géométrique, mécanique ou physique ; elle exige surtout l'exposé préliminaire de vérités ou d'axiomes élémentaires qui semblent d'abord tout à fait étrangers à la question indiquée au titre, mais sans la notion desquels l'analyse et la comparaison de la démocratie et de la monarchie se trouveraient sans base et sans logique.

Aussi ai-je à solliciter du lecteur qui cherche consciencieusement la vérité, une attention patiente et soutenue jusqu'à la fin de ce petit travail, avant de l'approuver ou de le condamner.

Dr J. GUYOT.

ÉTUDE ANALYTIQUE ET COMPARÉE

de la

MONARCHIE DYNASTIQUE

HÉRÉDITAIRE

et de

LA DÉMOCRATIE

INTRODUCTION

Le moment est venu de signaler et de combattre une erreur de fait, de science et de logique qui a séduit et entraîné, jusqu'à ce jour, les hommes les plus instruits, les cœurs les plus généreux, les esprits les plus droits, à savoir, que la République est plus rationnelle, plus scientifique, plus juste et meilleure que la Monarchie dynastique héréditaire.

Les bases naturelles de la formation, de l'entretien et de la marche des divers groupes humains, ont été si peu étudiées ou si méconnues par la science économique et politique, que les Monarchistes d'instinct et de raison, les plus convaincus et les plus fermes dans leur opinion, semblent s'en excuser et s'accordent tous à dire : *Assurément le gouvernement Républicain serait le plus naturel, le plus rationnel et le meilleur si les imperfections humaines ne le rendaient pas impraticable ; mais il faut trop de vertu pour établir et pour maintenir une bonne République, c'est pourquoi nous regardons le frein Monarchique comme nécessaire à la stabilité, à la sécurité et à la longévité des peuples.*

Bercés dans l'histoire Grecque et Romaine, tous les jeunes gens admirent sincèrement la forme républicaine; et la plupart, à quelque classe de la société qu'ils appartiennent et quel que soit leur intérêt, sont et demeurent républicains jusqu'à trente, quarante et même cinquante ans (j'ai été de ces derniers); mais à partir d'un certain âge, mieux édifiés par l'observation, l'étude et la réflexion, ils commencent à considérer cette opinion comme un égarement de jeunesse qui se heurte à des impossibilités sans nombre; comme une fermentation généreuse d'abord, mais qui ne tarde pas à donner des produits malsains, et à déterminer, plus tard, la dissolution et la mort sociales. Pourtant, arrivés à cette conviction ferme mais nébuleuse, ils se sentent dépourvus d'arguments démonstratifs de la vanité des principes démocratiques qu'on leur a offerts, pour ainsi dire comme axiomes, dans enseignements privés et publics.

Cependant la vérité vraie, celle à laquelle conduisent inévitablement l'étude et la science, est que la Monarchie dynastique héréditaire représente seule la nature, l'ordre, la hiérarchie, le gouvernement et la marche progressive des nations et que la République, démocratique surtout, est le dissolvant, la négation de toute société viable; que la Monarchie remplit toutes les conditions sociales de science, de raison, de logique, tandis que les principes de la démocratie leur sont diamétralement opposés. Telle est la thèse que je me propose d'exposer et de soutenir dans ce travail.

Mais, pour la faire comprendre et la mettre en

pleine lumière, il faut nécessairement jeter d'abord un coup d'œil sommaire et rapide sur l'origine, la marche et les rapports des choses en général, des hommes et des divers groupes humains, en particulier.

CONSIDÉRATIONS PRÉLIMINAIRES

L'homme est l'observateur, l'étudiant du monde extérieur qui l'enveloppe et le domine ; et en même temps, l'esclave et l'analyste de sa propre organisation, constituant son monde intérieur.

Poussé par ses besoins et dirigé d'abord par ses seules facultés instinctives, l'homme s'est mis en rapport, au moyen de ses sens externes, le toucher, l'odorat, le goût, l'ouïe, la vue, et par ses organes locomoteurs, avec le monde extérieur, et il a pris, peu à peu et dans la limite de ses facultés, connaissance et possession des états, des formes, de l'étendue limitée et des propriétés de la matière, ainsi que des forces qui l'animent.

Le vulgaire, c'est-à-dire la généralité des hommes, ne cherche et n'apprécie, dans le monde extérieur, que les moyens de satisfaire aux besoins et aux attraits du monde intérieur et de lui procurer les matériaux ou les impressions nécessaires, utiles ou agréables à l'entretien de sa vie; mais quelques organisations plus parfaites et plus élevées par le cœur, l'intelligence et l'esprit, se sont attachées à l'étude des mondes extérieur et intérieur et à l'observation des phénomènes qui s'y manifestent, pour en découvrir les causes et les effets, en constater les rapports et arriver ainsi à la connaissance des phénomènes qui s'y manifestent et des lois qui les régissent. Ces hommes rares sont les précurseurs, les prophètes, les génies des Nations.

Ce sont ces hommes exceptionnels, et en quelque sorte privilégiés, qui ont pénétré successivement les mystères de la nature et fondé les sciences astronomiques, physiques, chimiques, géologiques, minéralogiques, mécaniques, mathématiques, etc., par la recherche, l'étude et la méditation des vérités statiques et dynamiques, et qui en ont rendu l'intelligence accessible à tous par la démonstration rationnelle et expérimentale.

Avant que ces magnifiques sciences fussent établies par l'observation rigoureuse des faits, tout était conjectural et presque rien n'était vrai de toutes les hypothèses qui exerçaient l'imagination et la faconde des hommes à l'égard des phénomènes que ces sciences exposent et prouvent si bien aujourd'hui. Tous les peuples de la terre sont forcés de reconnaître et d'accepter ces vérités, telles qu'elles sont, c'est-à-dire éternelles et immuables, et de s'y conformer, s'ils veulent les appliquer à leur profit. Pourtant, elles sont le fruit des méditations profondes et solitaires et jamais une Assemblée quelconque, fût-elle formée de l'élite des hommes d'une nation, n'aurait pu en découvrir une seule. Quel Conseil municipal, départemental, national, quelle Commission aurait jamais remplacé un Euclide, un Galilée, un Descartes, un Keppler, un Newton, un OErsted, un Ampère, un Cuvier ? Ces génies se gardaient bien de se croire en état de faire des lois et de décréter des vérités : c'est par le sentiment même de leur impuissance à les créer qu'ils les ont trouvées : leur sagesse autant que leur modestie leur disait que le rôle de l'homme se bornait à chercher, à observer, à découvrir les vérités et les lois qui constituent les faits et commandent les phénomènes de la nature, en dehors et au-dessus de tout pouvoir humain.

L'homme est l'esclave et non le maître du monde. — L'homme est en effet une conséquence et non un principe; un résultat et non une cause; un produit et non un créateur.

Si la terre ne gravitait pas autour du soleil; si elle ne tournait pas sur elle-même pour recevoir, alternativement dans ses diverses parties, la lumière et la chaleur de cet astre; si elle n'offrait, à sa surface, ses étendues solides, liquides et gazeuses, et si elle ne recélait dans son sein et dans son atmosphère les aliments et les éléments du feu; si elle n'offrait à l'exploitation humaine ses minéraux, ses végétaux et ses animaux, l'homme n'aurait pu y naître, et il ne pourrait y vivre un seul instant. Non-seulement son organisation, mais encore la vie qui l'anime sont la conséquence positive et nécessaire des faits et des forces astronomiques, physiques, chimiques, géologiques, et de la préexistence des minéraux, des végétaux et des animaux. La science ne laisse aucun doute à cet égard. Aussi l'homme est-il le sujet, l'esclave de la nature et de ses lois; il n'est ni souverain, ni législateur du monde extérieur à lui-même : il subit tout, il obéit à tout, n'impose rien et ne commande rien dans les éléments statiques et dynamiques de la terre ni du ciel. Son rôle se borne à observer, à découvrir, à élucider et à accepter.

L'homme est l'esclave et non le maître de son organisation. — L'homme, ainsi dominé par le monde extérieur, est-il au moins législateur et souverain relativement à son monde intérieur, c'est-à-dire relativement à sa propre organisation et à son influence sur ses forces, sur ses besoins, sur ses instincts, sur son intelligence et sur sa volonté ? Un rapide coup d'œil sur sa constitution suffira pour établir la vérité à cet égard.

L'homme a été conçu d'un père et d'une mère, sous l'attrait, instinctif et plein d'incertitude, de la reproduction. Il a donc été créé sans qu'il le sût, sans qu'il le voulût et sans qu'il pût même choisir son sexe.

Pendant neuf mois, dans le sein de sa mère, ses divers organes se sont formés et préparés à la vie, sous sa propre activité dont il n'a ni notion, ni conscience : il subit donc des lois qu'il n'a ni faites ni acceptées.

Aussitôt né, l'enfant demeure sous la toute-puissance de la mère, de la famille et de la nature qui, par les mystères de l'allaitement, de l'alimentation, de la caléfaction, de la respiration, de la circulation et du fonctionnement, toujours involontaire et inconscient, de ses organes intérieurs, fortifie et grandit tout son monde intérieur; tandis que, par ses sens externes, il commence à prendre connaissance et possession du monde extérieur au moyen de l'observation et de la mémoire. Il lui faut de seize à vingt-cinq ans pour compléter l'étendue et les forces de son corps et pour commencer à meubler son cerveau des souvenirs de ses impressions et de ses sensations; c'est-à-dire pour se faire un livre de mémoire, une bibliothèque à consulter et devenir ainsi un homme à peu près complet au physique et à peine ébauché au moral. Pendant cette longue période, l'homme est bien loin d'être un législateur souverain, ce n'est qu'un chétif écolier, plus ou moins avancé dans l'A, B, C du livre de la vie : il y saura un peu plus et un peu mieux lire à quarante, à cinquante et à soixante ans; mais on peut affirmer, sans se tromper, qu'il n'est pas un seul être humain qui ne quitte la vie sans avoir connu ni compris la millième partie des vérités qui se rapportent à sa propre nature, à ses moyens, à ses fins.

Vie intellectuelle et organique de l'homme (1). — L'étude intérieure de l'homme est si peu avancée que le mécanisme de son intelligence, de son raisonnement et de son jugement est encore inconnu des plus savants physiologistes; et pourtant les mystères de sa vie de relation ne sont rien en comparaison des mystères de sa vie organique qui dominent et commandent absolument le cerveau humain, siége de la pensée, des réflexions et des résolutions.

Voici, en peu de mots, l'idée la plus simple et la plus vraie qu'on puisse aujourd'hui s'en faire :

Tous les organes, dont l'ensemble forme le corps animal, communiquent leurs sensations à la base de la masse cérébrale au moyen de filets blancs, qu'on appelle les nerfs de la vie de relation : tous ces nerfs se réunissent en un seul faisceau par deux racines, l'une du sentiment et l'autre du mouvement, et forment ainsi la moëlle épinière qui se termine au bulbe rachidien, couronné par les renflements cérébraux. C'est là que le monde intérieur exprime tous ses besoins.

---

(1) Extrait des *Paradoxes de* 1789. — Chez Dentu, au Palais-Royal, Galerie d'Orléans, 17.

Vers ce même bulbe rachidien, en traversant plus ou moins la base du cerveau, convergent également les nerfs des sens externes, de l'odorat, de la vue, du goût, de l'ouïe et du toucher, lesquels mettent ainsi tous les organes du corps en rapport avec les objets, les phénomènes et les impressions du dehors.

Quand ces impressions, du monde intérieur et du monde extérieur, sont vives, nettes et répétées, le cerveau en reçoit l'empreinte et la garde, comme la plaque photographique garde les impressions des objets éclairés, comme le papier garde l'impression typographique : c'est là la destination capitale de la masse cérébrale : le cerveau est un livre à mille pages, toutes blanches à la naissance, où viennent s'inscrire successivement le langage, les actions, les faits et les notions de toute nature, à mesure que l'âge les apporte par l'expérience, l'observation, l'étude et la pratique. Le cerveau est le livre de mémoire, le répertoire de la vie, la bibliothèque, le cabinet de consultation de l'homme.

Mais ce livre, ce répertoire, cette bibliothèque, ce cabinet sont passifs, inutiles et fermés, si le cœur ne les ouvre pas, s'il n'en tourne pas les feuillets par ses battements, s'il n'en désigne pas les chapitres évoqués par l'esprit.

Le cœur, par ses battements et les aspirations et les expirations pulmonaires qu'il commande, agite et vivifie sans cesse le cerveau, transforme la mémoire passive en mémoire active et la soumet en partie à la volonté. Si le cœur bat normalement, la mémoire est régulière et normale; s'il bat tumultueusement, la mémoire est affolée; s'il cesse de battre, toute mémoire disparaît.

Mais le cœur ne se borne pas à tourner et à retourner les photographies et les impressions de la mémoire, il permet aussi à l'esprit de les mettre en regard, d'en observer les rapports et de tirer, de leur étude et de leur comparaison, des idées nouvelles ou différentes qui se gravent à leur tour dans le cerveau; c'est là la pensée, la réflexion, la méditation.

Dans tous les cas, toutes les fonctions du cerveau sont sous la domination absolue du cœur qui en est le maître comme l'homme est le maître d'un livre qu'il porte avec lui.

Qu'est-ce donc que cet organe tout-puissant qu'on appelle le cœur? Le cœur est l'expression de la vie organique ; le rythme de ses battements indique toujours l'état actuel de cette vie mystérieuse, inconnue à la vie intellectuelle, qui obéit à toutes ses impulsions.

Le pouls, ou les battements du cœur, indique au médecin et au moraliste exercé, l'état de santé, de maladie ou de préoccupation passionnelle de tout individu.

Pauvre bilan de l'intelligence humaine. — Chaque homme possède donc un caractère, un cachet spécial, *son cœur* interprète de sa vie organique ; puis un livre, *son cerveau ;* où sont inscrits ses souvenirs internes et externes et les impressions résultant de ses souvenirs.

Les hommes ne sont, en effet, pendant toute leur vie, que des écoliers dont les cerveaux sont, pour la plupart, de misérables tablettes, réduites à quelques feuilles à peine couvertes des impressions les plus vulgaires ou des faits des plus nébuleux et les moins comparables ; et, parmi les meilleurs et les mieux tenus de ces cahiers, l'âge, le sexe, l'état civil d'époux, de père, de fils, de frère, de position, de profession etc., offrent à l'impression des points de vue si différents, qu'on trouverait à peine deux cerveaux sur mille qui aient pris la même empreinte d'un même objet ou d'un même fait.

Si les pensées et les opinions de l'homme sont sous la dépendance de sa vie organique, — si sa vie organique est elle-même en dehors et au-dessus, non-seulement de son pouvoir, mais encore de sa simple notion ; — si l'âge, le sexe, l'état civil, la profession les changent du tout au tout ; — si, de plus, les aliments, les boissons, le chaud, le froid, les besoins, la maladie, les modifient chaque jour ; à travers ces variations et ces défaillances infinies, où donc est l'homme législateur ? à quel moment le démocrate est-il souverain ?

Il est heureux, pour l'humanité et pour les sociétés humaines, que la masse des hommes se contente de suivre ses instincts pour accomplir la plupart des nécessités de la vie, au lieu d'en référer à leur misérable instruction et à leur dialectique plus misérable encore ; ainsi font les oiseaux, les mammifères et presque tous les animaux supérieurs : ils multiplient, s'associent, se nourrissent, s'abritent, se défendent selon les lois de la nature, qu'ils ne songent ni à discuter, ni à réformer, ni surtout à créer de toutes pièces, pour satisfaire leurs caprices ou leurs besoins du moment. C'est là une grande leçon et un grand exemple donnés à l'homme, leçon et exemple dignes de ses plus sérieuses méditations; car il est l'humble sujet de la nature et de ses lois comme tous les autres animaux, comme les végétaux, comme les minéraux et même comme les astres.

Facultés distinctives du genre humain. — Le genre humain possède, il est vrai, trois facultés spéciales qui l'élèvent au dessus de tous les êtres de la création : 1º la faculté de comprendre les phénomènes de la nature, de remonter des effets à la notion des causes; et par la notion des causes, de produire des effets; 2º la faculté de recueillir les richesses matérielles et intellectuelles des générations passées, d'augmenter ces richesses par la génération présente et de les transmettre aux générations futures; 3º enfin la faculté de choisir entre le bien et le mal, le juste et l'injuste, le vrai et le faux : c'est-à-dire le libre arbitre, qu'il ne faut pas confondre avec la liberté. L'homme a toujours son libre arbitre et n'a pas toujours sa liberté.

C'est par sa soumission intelligente et non par sa résistance que l'homme prouve sa supériorité. — Ces trois facultés, qui font du genre humain un règne à part et plus élevé que tous les autres règnes de la création, loin de le soustraire à l'assujettissement absolu aux lois de la nature, l'astreignent au contraire plus étroitement à ces lois, par cela même qu'il est appelé, par la tradition et la causalité, à les découvrir et, par le libre arbitre, à les suivre et à s'y soumettre dans le *vrai*, le *juste* et le *bien*. Ce n'est point en les méconnaissant, en les transformant, en y résistant que l'homme se montre supérieur aux animaux, c'est au contraire dans l'esprit de dédain et de révolte contre elles qu'il s'abaisse au-dessous de l'animalité; mais c'est en étudiant ces lois naturelles, en les respectant et en les observant qu'il en tire toute sa richesse, toute sa puissance et toute sa grandeur.

Voici un fleuve qui descend des montagnes à l'océan, suivant les lois éternelles et incommutables de la gravitation : l'homme tenterait vainement de le faire remonter vers sa source pour l'utiliser à son profit; mais s'il voit une vallée desséchée et stérile à côté de celle que fertilise le fleuve, il cherchera un point de son cours plus élevé que la vallée à féconder et y ouvrira une dérivation qui dirigera naturellement le superflu de ses eaux dans la vallée stérile, en obéissant à la loi de la gravitation. L'homme pourra encore, en profitant de la notion de cette loi, barrer le fleuve et remplacer sa pente douce par une chute qui lui donnera une force mécanique utilisable à ses besoins.

Voici la terre inculte, couverte de végétaux sauvages et peu utiles à l'homme : celui-ci a observé que les végétaux viennent d'une graine enfouie près de la surface du sol : il recherche les graines qui reproduisent les végétaux les plus nécessaires à son alimentation, à ses vêtements, à ses abris, à la multiplication et à l'entretien des animaux dont il a le plus besoin ; il détruit les végétaux inutiles, ouvre le sol et lui confie ses bonnes graines ; et voilà la terre qui produit en abondance le nécessaire, l'utile et l'agréable à l'existence humaine par suite de la connaissance, de l'acceptation et de l'utilisation des lois de la nature.

La vie spirituelle de l'homme et son résumé scientifique. — Les lois de la vie animale commandent donc fatalement toutes les phases de l'existence matérielle et intellectuelle de chaque individualité.

La vie spirituelle de l'homme, par ses trois attributs spéciaux : la tradition, la causalité et le libre arbitre, est la source de tous les progrès moraux, intellectuels et matériels de l'humanité, comme elle peut être la cause de sa dégradation et de sa ruine ; mais elle ne lui donne aucune puissance sur le monde extérieur ni sur sa propre vie : la faculté d'hériter du passé augmente ses ressources physiques et son répertoire intellectuel, comme s'il avait vécu mille ans, au lieu de cent : l'intelligence des causes, des effets, et la compréhension des phénomènes et de leurs lois, lui donnent l'avantage d'en tirer des conséquences et des résultats qui lui sont utiles ; enfin, le libre arbitre lui laisse le mérite d'éviter le mal et de pratiquer le bien, de suivre la voie de la justice au lieu de la voie de l'iniquité, de se consacrer à la recherche et au culte du vrai, au lieu de se complaire dans la pratique de l'erreur et du mensonge ; mais l'homme n'en reste pas moins un être inférieur et sujet aux lois de toute la nature.

Voici du reste, dans le moins de mots possible, les deux limites extrêmes où conduisent les trois facultés caractéristiques de la vie spirituelle.

En remontant des effets aux causes, la science conduit à voir l'unité de matière dans tous les corps et dans tous les milieux solides, liquides, gazeux et éthérés; qu'ils soient formulés en hommes, en animaux, en végétaux, en minéraux ou en systèmes lunaires, planétaires ou solaires. La science mène également à reconnaître l'unité des propriétés et des forces qui animent la matière dans le mouvement des corps, *ou translation*, et dans celui des molécules, *ou vibration*; d'où dérivent l'attraction, l'électricité, la chaleur, la lumière, la saveur, l'odeur, le son, l'affinité, la cohésion, l'élasticité, les états solides, liquides, gazeux et éthérés, la contractilité, la sensibilité et la vie animale.

Arrivée à ce dualisme suprême, *matière* et *mouvement*, la science est forcée d'admettre une cause à l'existence et à la manifestation de la matière : cette cause lui est inconnue dans *sa nature*, dans *ses moyens* et dans *ses fins*, mais son existence est certaine et nécessaire; et tous les savants s'accordent à désigner cette cause première de l'univers, ce principe créateur du monde sous le nom d'*Esprit* ou de *Dieu*.

Sans prétendre rien connaître ni à Dieu, ni en Dieu, ni de Dieu, la science constate tant de grandeur dans la simplicité des moyens, tant d'ordre dans la succession des phénomènes, tant de diversité merveilleuse dans l'infinité de leurs effets, qu'elle ne craint pas de s'abuser en croyant Dieu aussi intelligent que puissant.

En descendant des causes aux effets, la science reconnaît et constate que l'organisation et la vie animales sont la conséquence et le résumé les plus complexes de la matière et de ses propriétés, et que l'homme possède seul, en outre et au-dessus des prodiges de cette organisation et de cette vie, la faculté de voir fonctionner la matière dans les divers phénomènes de la nature, et de comprendre ces fonctionnements, comme un mécanicien habile voit et comprend les causes et les effets des actions et des réactions mécaniques; un tel privilége implique forcément la superposition et l'immixtion, à la vie de l'homme, d'un principe qui soit en dehors et au-dessus de la matière et du mouvement, pour lui permettre de les observer; c'est ce principe aussi inconnu que Dieu, dans sa nature, dans ses moyens et dans ses fins, que les savants s'accordent à appeler l'Esprit de l'homme ou l'*âme*.

Entre l'esprit supérieur, créateur du monde, et l'esprit inférieur, pouvant comprendre la création, existe-t-il un rapport nécessaire, un enchaînement de cause à effet? Il ne saurait en être autrement, si la logique a le moindre fondement; et cet enchaînement embrasse la série non interrompue des corps sidéraux, planétaires, lunaires, minéraux, végétaux et animaux, les lois qui les régissent et les propriétés qui les animent.

S'il est vrai que l'esprit créateur, ou Dieu, soit intelligent et providentiel, comme il semble vrai que l'esprit créé, ou l'âme, soit doué du libre-arbitre, du libre examen et de la libre pratique, il sera vrai que le lien entre l'âme et Dieu sera la science et l'observation du vrai, du juste et du bien en toutes choses, mais surtout à l'égard de soi-même et de ses semblables. C'est là le vrai *reliement*, la vraie religion de l'humanité, c'est le fondement du christianisme; c'est aussi le fondement de la bonne économie sociale et de la bonne politique.

Résumé des préliminaires. — Recherchons donc les conditions naturelles, c'est-à-dire les *vraies* conditions de l'existence, de l'accroissement et de la perfection des individualités humaines et des divers groupes sociaux, auxquels les individualités donnent naturellement naissance, et nous trouverons, dans cette étude, les éléments de la valeur respective de la Monarchie dynastique héréditaire et de la République ou autres gouvernements démocratiques : nous y trouverons peut-être aussi les causes et l'explication des aberrations et des maladies mortelles qui menacent aujourd'hui la plupart des sociétés modernes.

Nous venons d'entrevoir que l'individu humain, loin d'être le souverain maître du monde extérieur, en était au contraire le plus humble esclave : nous avons à peu près compris aussi que sa pensée et sa volonté étaient dans la dépendance absolue de son organisation; et nous avons conclu qu'il était aussi incapable de faire ses lois individuelles que les lois générales. Nous avons vu qu'il est, en cela, au même degré d'impuissance que les autres animaux, et que toute sa supériorité consiste à pouvoir découvrir, comprendre et appliquer, à son profit, la législation préexistante qui le gouverne.

Dans cette situation, qui est scientifiquement et absolument vraie, l'homme qui se dit libre, législateur et souverain est un ignorant ou un fou; à moins qu'il ne prenne le masque de la toute-puissance pour dépouiller, asservir ou détruire ses semblables, en les trompant.

Bases des inégalités et de la hiérarchie humaines. — Mais toute assujettie qu'elle soit, chaque individualité humaine peut néanmoins accroître les facultés de son corps et de son esprit, posséder ou acquérir des grades plus ou moins élevés dans la valeur et la hiérarchie sociales. D'abord *le sexe* établit deux grandes classes parmi les individualités : les mâles,— formant la *moitié positive* — et les femelles,— la *moitié négative* du genre humain; puis *l'âge* avance l'homme en observation, en expérience et en pratique, quels que soient son sexe et sa position sociale. Évidemment, l'enfant de dix ans est supérieur à celui de cinq ans; — le jeune homme de vingt ans prime celui de dix, et l'adulte de trente est bien supérieur à celui de vingt. Enfin personne ne doute qu'en observation, en expérience et en sagesse, l'homme de quarante ans, celui de cinquante, de soixante et plus ne puissent l'emporter et ne l'emportent, en effet, sur celui de trente ans, dans la majorité des cas.

A côté de la hiérarchie de l'âge se présente, comme une des plus importantes, la hiérarchie *des œuvres*. Il est évident que celui qui, par un travail utile, ne peut pourvoir ou ne pourvoit pas à ses propres besoins, est inférieur à celui qui produit précisément autant qu'il consomme. Il n'est pas moins évident que celui qui produit plus que son nécessaire et épargne son superflu, a plus de valeur sociale que le second; puisqu'il produit un instrument utile à tous, le capital. L'individu s'élève de plus en plus parmi ses semblables et prouve une supériorité d'autant plus grande que le superflu qu'il produit et qu'il épargne est plus considérable, pourvu que ce soit par un travail utile et honorable, bien entendu.

Ce qui est vrai des individus est vrai des familles ; et celles qui ont produit et épargné de quoi pourvoir aux besoins de tous leurs membres et même de plusieurs générations, sont supérieures à celles qui ne produisent ou n'épargnent rien : ces dernières et leurs membres constituent le prolétariat et le paupérisme : elles occupent, de fait et de droit, le dernier rang social; à moins que la société n'ait opposé des barrières injustes au développement et aux profits de leur travail honnête et utile.

Après la puissance de production et la sagesse de l'épargne, de sa conservation et de sa transmission, vient la hiérarchie naturelle de *l'état civil* : le garçon est inférieur à l'époux, car il n'en connaît ni les sentiments, ni les charges ; l'époux est inférieur au père, le père à l'aïeul ; la fille est inférieure à l'épouse, l'épouse à la mère, la mère à la grand'mère ; le fils ou la fille uniques sont inférieurs à ceux qui ont des frères et des sœurs, parce qu'ils sont privés du sentiment et des rapports de la fraternité. Cette hiérarchie est de droit naturel et ne laisse aucune équivoque sur le rang social acquis.

Il n'en est pas de même de l'instruction, de l'éducation, de la capacité, du talent, du génie, de la sagesse et de la vertu, qui sont autant de bases hiérarchiques très-solides et très-nécessaires ; mais ces bases sont du domaine de la notoriété et de l'opinion, par conséquent sujettes à erreur, si elles ne sont établies sur des œuvres évidentes et notoirement utiles.

Enfin, il existe d'autres hiérarchies créées par le suffrage, ou par l'autorité : la hiérarchie militaire, celle de la magistrature, celles des administrations, des corps enseignants et religieux et des grades conférés par eux.

Tous ces degrés sociaux, naturels ou de convention, sont nécessaires à l'ordre, à la sécurité, à la marche régulière et à la prospérité des sociétés ; le respect et la déférence qu'on leur accorde, dans une nation, sont la mesure de sa civilisation, de sa force et de sa sécurité.

A quel degré de la hiérarchie humaine appartient le suffrage. — Au milieu de ces attributs acquis ou à acquérir par chaque individualité, où est le type de la souveraineté, l'élément humain, directeur et législateur ?

Est-il mâle ou est-il femelle ? s'il est mâle, peut-il expliquer en quoi la femelle, qui se forme plus vite et qui a plus d'esprit que le mâle, n'est ni législateur, ni souverain ? A-t-il vingt-un ans ? S'il est législateur et souverain à vingt-un ans et au-dessus, — peut-il expliquer pourquoi il n'est pas législateur et souverain à vingt ans et au-dessous ?

A-t-il acquis à vingt-un ans, plus qu'à vingt, l'expérience et les vertus du père? A-t-il prouvé qu'il produisait plus par son travail, qu'il n'absorbait par sa consommation? A-t-il prouvé sa capacité par ses œuvres? A-t-il prouvé sa sagesse par ses actes et sa stabilité par son domicile? Non! le souverain législateur démocrate n'a conquis ni acquis aucun grade social; il n'a prouvé ni capacité, ni sagesse, ni mérite quelconque : il est mâle, il a vingt et un ans et cela suffit : il peut être un fardeau social, un paresseux, un improducteur déterminé, un consommateur effronté, un débauché, un vagabond, la démocratie ne s'en inquiète pas ; elle ne veut pas le savoir, car elle ne lui demande pas même trois ans de domicile fixe où il pourrait être connu.

Or, il n'est pas un époux, pas un père, pas un aïeul, pas une épouse, pas une mère, pas un homme de trente ans, pas un vieillard, pas une fille de quinze ans qui ne regarde ce type du souverain comme un défi porté à la raison, comme un sarcasme adressé à toute capacité, à tout bon sens, à toute sagesse; car il est de notoriété publique que l'immense majorité des garçons de vingt-un ans n'a pas atteint la moitié de ses aptitudes physiques et de ses talents et pas le quart de ses qualités morales, et qu'il ne connaît foncièrement ni les personnes qu'il est appelé à élire, ni les sujets sur lesquels il doit se prononcer souverainement.

Ces législateurs et ces souverains prétendus sont tout simplement des êtres passionnés et inintelligents qui se précipitent à la suite des tribuns, des publicistes et des chefs de parti, sans la moindre notion, sans la moindre conscience de leurs actes.

Le suffrage du mâle de vingt-un ans et au-dessus n'est point un suffrage universel. — D'abord, ce n'est point le suffrage universel ; car le mâle adulte n'est que le tiers, la femelle le second tiers et les enfants le troisième tiers du *genus homo*, seule unité reproductrice du genre humain ; et le suffrage ne représenterait tout le *genus homo*, et ne serait universel que s'il était attribué aux seuls chefs de famille, époux et pères, votant à la fois pour eux, pour leurs femmes et pour leurs enfants non mariés : mais le droit de suffrage étant attribué aux seuls mâles et à tous les mâles de vingt et un ans et au-dessus, les femelles et toutes les femelles de seize ans et au-dessus (à seize ans, la fille est plus complète au physique et au moral que le garçon de vingt ans) sont, sans raison valable, dépouillées de ce droit. Ensuite, les majorités sont constituées par les plus jeunes, les plus ignorants, les moins expérimentés et les moins raisonnables des mâles adultes : ce sont donc eux qui font la loi contre la virilité et la vieillesse, c'est-à-dire par la force, les passions naissantes et l'ignorance des principales conditions de la vie.

LA FAMILLE

Premier groupe social.

Nous n'avons presque parlé jusqu'ici que de l'individualité humaine; jetons maintenant un coup d'œil rapide sur les divers groupes naturellement formés par ces individualités.

Le premier groupe, né de l'union d'un homme et d'une femme, par l'attrait spécial que la nature a mis entre ces deux éléments du *genus homo*, est *la famille*, dont le père est le chef de droit naturel, fatidique ou divin (trois expressions ayant ici la même signification); dont la mère est la souveraine de droit naturel; dont les enfants sont les sujets de droit naturel, entre lesquels le sexe, l'âge et les aptitudes établissent la hiérarchie et les attributions de fait et de droit naturel. Toute la famille existe donc et se gouverne par le droit naturel, fatidique ou divin, parce que les individualités ne peuvent ni créer, ni constituer, par le vote ou les clameurs des majorités, ni le père, ni la mère, ni les enfants, ni les frères, ni les sœurs, ni l'âge, ni les aptitudes de leur corps et de leur esprit.

La démocratie est étrangère à la famille. — La démocratie, c'est-à-dire la souveraineté de toutes les individualités, agissant par les majorités des votes ou des clameurs, est donc exclue de la famille par les lois de la nature, du destin, de Dieu; et si, contre toute raison, contre toute science, contre toute justice, le suffrage populaire prétendait régler la création, l'existence et le gouvernement de la famille, elle en détruirait tous les attributs, tous les sentiments et tous les bonheurs.

Que serait-ce, hélas! que l'amour et les rapports

conjugaux, que l'amour et les soins paternels et maternels, que la piété filiale, que la fraternité réglés et ordonnés par les majorités? Que deviendraient la vie et la production en commun, la conservation et la continuité des œuvres de la famille, décrétées par la démocratie? Non, la démocratie ne peut entrer dans la famille dont elle est la négation et le dissolvant, comme on peut le voir aux Etats-Unis d'Amérique depuis longtemps, comme on a pu le voir en France dans ces derniers temps.

Pour embrasser la famille et se l'assimiler, il faudrait que la démocratie en fît son unité, son atôme humain indivisibles et impénétrables à ses réactifs isolants, la *liberté* et l'*égalité* : ce qui est impossible : l'époux ne peut pas être libre de l'épouse, le père de la mère et réciproquement : les enfants ne peuvent être libres de leurs parents, ni les parents de leurs enfants; — l'époux, l'épouse, le père, la mère et leurs enfants, d'âges et de sexes différents, ne sont pas plus égaux entre eux qu'ils ne sont indépendants les uns des autres. La famille est, au contraire, l'école de l'autorité, de la hiérarchie, de la solidarité dans la production et la consommation, dans l'épargne et la création du capital : elle ne se crée, elle n'existe, elle ne prospère que sous l'autorité paternelle et maternelle ; c'est-à-dire sous l'action de l'expérience et de la contrainte inspirée et tempérée par la tendresse. La famille est le foyer générateur de tous les sentiments, de toutes les qualités, de toutes les vertus des sociétés, dont elle est la base et le modèle. Qu'est-ce que la souveraineté individuelle, qu'est-ce que le vote, qu'est-ce que les majorités et les minorités peuvent décider dans la famille, si ce n'est l'antagonisme, la révolte de ses membres et sa dissolution ! précisément ce que l'individualisme, le vote, les majorités apportent dans tous les groupes sociaux !

Non-seulement la démocratie ne considère point la famille comme son unité souveraine, mais elle ne peut la reconnaître pour telle, puisque la famille donnerait un démenti pratique à tous ses principes de souveraineté, de liberté et d'égalité, et fausserait toutes ses institutions : elle n'adopte pas même son chef, l'époux ou le père pour son électeur souverain : le chef d'une famille l'embarrasserait et ne la servirait pas : il lui faut le mâle dans toute sa force brute, le mâle de vingt et un ans et au-dessus : la démocratie est une armée toujours en campagne : ce qu'il lui faut, ce sont des soldats : qu'ils soient ignorants, inexpérimentés, qu'ils soient animés de la violence des passions surgissant des ténèbres de l'enfance; qu'ils aient trente, quarante ou cinquante ans; qu'ils soient producteurs de leur consommation ou consommateurs de la production d'autrui; qu'ils reproduisent l'espèce légitimement et à leur charge ou illégitimement à la charge des autres; qu'ils soient connus ou inconnus dans leur domicile, la démocratie ne s'inquiète point de tout cela ; l'adulte de vingt et un ans et au-dessus, voilà son unité souveraine, son législateur impérieux et au besoin à cahier ou à mandat impératif! *Risum teneatis, amici!*

Chez tous les peuples primitifs, c'est-à-dire ayant encore le bon sens des lois de la nature, les anciens dirigeaient les jeunes gens; les pères, les patriarches dirigeaient leurs enfants et leurs petits-enfants; les républiques mêmes respectaient et écoutaient l'enseignement des vieillards; mais la démocratie moderne a changé tout cela; les jeunes mâles font les majorités qui légifèrent et gouvernent, et surtout réclament les positions honorablement et utilement occupées par les vieillards en criant : place aux jeunes ! Bientôt le gamin de Paris et les enfants de son âge constitueront la souveraineté nationale ! Ils y prennent déjà une bonne part.

La démocratie méconnaît la puissance productrice des familles. — Non-seulement les démocrates laissent dans l'oubli, et par conséquent dans le mépris, la hiérarchie naturelle de l'âge, de garçon, d'époux, de père, d'aïeul, de fils et de petit-fils, mais ils n'accordent aucune valeur aux filles, aux épouses, aux mères, aux grand'mères qui jouent un si important et un si beau rôle dans l'unité familiale, représentée par souches. Ils ne s'occupent pas davantage de la production, de la conservation et de la transmission des valeurs produites par les familles et dans les familles : ils ne distinguent pas les familles qui produisent, épargnent et conservent les fruits de leur travail, des familles qui ne produisent rien, ne conservent rien et ne transmettent rien ; ils confondent également tous les individus producteurs et improducteurs, prévoyants et imprévoyants, créant ou ne créant point de ressources, dévorant les produits de leurs frères et ne leur en fournissant aucun. Ils affectent, au contraire, de ne voir dans les propriétaires ou capitalistes que d'injustes détenteurs de richesses et dans les ouvriers que des ilotes et des esclaves injustement privés de ces richesses, qu'eux ni leurs familles n'ont cependant jamais produites, ou n'ont jamais épargnées, ou n'ont jamais transmises à leurs enfants qui n'ont aucun titre et aucun droit au travail accompli, épargné et transmis; en sorte que l'activité et la capacité productrices, conservatrices et traditionnelles, qui sont les titres les plus sacrés à la reconnaissance et au respect des populations qu'elles nourrissent, sont présentées à ceux qui, par eux-mêmes ou par leurs familles, n'ont jamais possédé ces qualités, comme des actes d'accaparement et de spoliation dont les produits doivent être enviés, partagés ou entièrement enlevés par le prolétariat et par le paupérisme; lesquels jouent ainsi le beau rôle social de martyrs et de victimes de l'avidité et de l'avarice des producteurs, des économes et des prévoyants.

La démocratie du jour semble ne reconnaître que deux sortes d'individus: les individus ou familles propriétaires de travail épargné et formulé en richesses quelconques, et les ouvriers et familles sans épargnes suffisantes ou les prolétaires, — Division analogue à celle des citoyens et des ilotes et esclaves des républiques Grecques et Romaine. Or la nature ne connaît et ne fait ni propriétaires, ni prolétaires, ni citoyens, ni ilotes, ni esclaves : elle ne reconnaît et ne comporte que des époux, des pères, des mères, des enfants qui tous travaillent ou ne travaillent pas, produisent ou ne produisent pas, épargnent ou n'épargnent pas : et c'est naturellement et avec raison que les individus et les familles à travail négatif, insuffisant ou mauvais, à épargne et à héritages nuls, occupent les derniers rangs des sociétés ; à moins que, par des lois oppressives, les sociétés ne les obligent à rester dans cette position, soit par le servage, soit par l'esclavage. Rien de pareil n'existe en France où toutes les portes sont ouvertes au travail et à la capacité corporelle et intellectuelle.

La démocratie et la famille sont antagonistes. — La démocratie n'a donc rien de commun avec la famille, avec son gouvernement, avec sa hiérarchie, avec ses sentiments, avec la solidarité de sa production et de sa consommation et surtout avec l'appropriation et la transmission de ses œuvres : elle tolère tout cela, mais loin de consacrer cet admirable ensemble, elle le menace et l'attaque dans toutes ses parties : dans l'union des époux, dans l'autorité des parents, dans la soumission des enfants, dans l'éducation, dans le travail, dans la propriété et dans sa transmission.

LA COMMUNE

Deuxième groupe social.

Après la famille, le second groupe social *naturel* qui se présente à l'observation et à l'étude est *la commune*, que les Islamites appellent *le Douair* et les Chrétiens, *la paroisse*.

La commune se compose de familles issues, ou considérées comme issues, d'un même aïeul qui en est le chef de droit naturel, fatidique ou divin; puisque les clameurs, les suffrages et leurs majo-

rités ne peuvent pas plus créer un grand-père;
qu'un père. L'aïeul est donc, selon les lois de la
nature, le guide, le conseiller et le chef de ses
enfants et petits-enfants.

La commune n'a jamais été et ne sera jamais ce
que les Démocrates ont voulu la faire : elle ne consiste ni dans une grande ville, ni dans une tribu;
encore moins dans une puissante agglomération de
peuple : la commune est une réunion de familles,
habitant une même circonscription soit rurale, soit
urbaine, et assez peu nombreuses pour se connaître
entre elles et pour être facilement connues, appréciées et guidées par leurs anciens. Réduite à ses
véritables proportions, comme le Douair ou la
Paroisse, la commune doit s'administrer elle-même,
en ce qui concerne ses besoins et ses actes municipaux; à la condition qu'elle ne s'immiscera jamais
dans les lois générales qui garantissent la sécurité
des personnes et des propriétés, l'état civil, militaire
et financier de la nation et qu'elle n'entreprendra
rien contre les individus, les familles, les cantons,
l'arrondissement, le département et l'ensemble
national. Une commune qui aurait la prétention
d'arrêter ses habitants, de les dépouiller, de les

exécuter à mort, d'établir le divorce, la pluralité des femmes, d'imposer une croyance et un régime religieux, d'anéantir les institutions nationales et de refuser sa part des charges publiques, devrait être considérée comme en état de démence et contrainte par les lois générales, appuyées de la force publique, à rentrer dans la raison.

Mais s'il est aussi insensé à la commune qu'aux familles et aux individus de vouloir se soustraire aux conditions générales d'existence, adoptées par une nation, et de refaire toutes ces lois à son caprice et à son usage, il n'est guère moins déraisonnable, c'est-à-dire guère moins contre nature, que le gouvernement central prétende administrer les intérêts privés de trente-huit mille communes, par des délégués et des fonctionnaires de son choix : autant vaudrait qu'il remplaçât ainsi tous les chefs de famille et même tous les individus, en se chargeant de les nourrir, de les vêtir, de les loger : il transformerait par cela même la nation en un vaste couvent où toute initiative, toute émulation, toute comparaison, tout progrès seraient détruits.

La commune, comme la famille, doit s'administrer elle-même sous l'observation rigoureuse des lois générales : elle doit choisir ses administrateurs, ses surveillants, ses instituteurs, ses ministres ; elle doit voter et recueillir ses subsides et les appliquer ; elle doit administrer, entretenir, louer, vendre, échanger ou acheter ses biens ; admettre dans son sein, ou en repousser tels ou tels établissements qui n'y seraient point et qui voudraient s'y former ; elle doit veiller à la sécurité de ses habitants et à celle de leurs propriétés, sous la seule obligation de tenir procès-verbal de toutes ses décisions et de tous ses actes et d'en déposer copie authentique, au chef-lieu du département, un mois avant leur application.

LE DÉPARTEMENT

Troisième groupe social.

Ce qui est juste et nécessaire pour la commune est également juste pour le département, province ou tribu, qui représente le troisième groupe social, composé de plusieurs communes, paroisses ou douairs, et sera juste et vrai pour tous les autres groupes sociaux et circonscriptions territoriales, intermédiaires à la commune et au département; lesquels doivent s'administrer, en ce qui concerne leurs affaires spéciales, sous la pratique et le respect des lois générales, dans l'indépendance la plus complète du gouvernement central, comme le sont les familles. C'est là le seul moyen de ramener la société française au véritable progrès par la diversité des voies et moyens, suivant le caractère et le génie de chaque localité; caractère que l'absolutisme et l'infaillibilité prétendue d'institutions et d'instituteurs centralisés et uniformisés réduisent à l'impuissance et à une sorte d'idiotisme. La commune, le département ou la province ont leur originalité comme la famille : aucun de ces groupes ne doit admettre l'influence ni l'immixtion d'étrangers dans ses affaires privées; la nomination et l'action des fonctionnaires spéciaux aux circonscriptions, la mainmise du trésor national sur les finances particulières à leurs divers groupes sociaux, et celle des administrations sur leurs biens, leurs bois, leur pâturages, sur leurs édifices, etc., ont entraîné des scandales, des pertes, des maux sans nombre et un servage abrutissant.

Les communes et les départements doivent élire leurs magistrats. — Si toutes les familles composant une commune sortaient d'une même souche, le chef naturel de ce groupe serait l'auteur ou le plus ancien et le plus estimable parmi les auteurs de ces familles; il devrait en être de même pour la tribu ou le département; car rien ne peut remplacer l'aïeul, symbole de l'amour paternel, de la perpétuation de l'espèce et de la transmission des richesses matérielles et intellectuelles. Comment un homme de vingt-cinq à trente ans, élu tous les cinq ou six ans, représenterait-il la tradition, la succession, la hiérarchie, l'autorité et la tendresse paternelles; la continuité et la stabilité familiales?

Mais nous devons reconnaître que la plupart de nos communes et de nos départements de France, ne présentent plus, dans leur population, les caractères de l'extension patriarcale et du lien de parenté qui unissent encore les douairs et les tribus arabes et qui distinguaient les diverses tribus d'Israël. Les agglomérations communales et départementales sont formées de familles rarement de même origine et le plus souvent d'origines très-différentes. Aussi les groupes sociaux de la commune et des départements ont-ils été amenés naturellement à choisir leurs conseillers et leurs administrateurs en l'absence des pères et des aïeux communs.

Cette dérogation à la hiérarchie et à l'administration naturelles des communes et des départements, n'offrira aucun danger, ni même aucun inconvénient sérieux, si les chefs de chaque famille, ou tout au moins si les électeurs assez élevés dans la hiérarchie humaine par l'âge, la production, l'épargne, l'instruction, la profession et le domicile prolongé dans la commune, sont seuls appelés à faire cette élection *directe* des magistrats municipaux, constitués en même temps électeurs des conseillers départementaux et des députés nationaux ; et s'il est bien entendu que les choix doivent toujours être faits parmi les chefs des familles les plus anciennes, les plus estimées et les plus élevées dans leur indépendance d'honneur et de fortune.

Ne pouvant compter sur la direction paternelle ni sur la hiérarchie familiale, il faut au moins que l'élection comprenne qu'elle ne peut être intelligente et consciente que dans le choix des personnes connues dans la circonscription communale, et que ce choix doit se fixer sur celles qui possèdent les hautes qualités et les vraies vertus de la famille.

Le droit du suffrage réservé au chef de la famille.
— Les démocrates ignorent sans doute que le mâle de vingt-un ans et au-dessus n'est que le tiers de l'homme ; que la femelle, de seize ans et au-dessus, représente le second tiers et que les enfants complètent le troisième tiers de l'atôme humain, du *genus homo*, de l'arbre fertile et reproducteur de l'homme.

Dès que le chef de la famille, époux et père, vote pour elle, cela est logique et juste ; car il agit pour les trois éléments de l'humanité. C'est bien là le suffrage universel ; mais quelle différence dans le principe et les effets d'un tel suffrage, avec ceux du suffrage individualisé dans le mâle sans famille et en dehors de tout ce qui élève l'homme dans la hiérarchie humaine. Ce dernier brave et brise tous les liens, tous les sentiments et toutes les forces sociales par les passions, l'intérêt et l'égoïsme de la personnalité, formulés en majorités et en minorités : il ne considère ni l'activité, ni la capacité de la production, ni de la proportionnalité avec la consommation, ni la valeur de l'épargne, ni l'accroissement des richesses par l'héritage et la tradition.

Les familles font les richesses sociales. — Les démocrates ignorent peut-être aussi que la richesse matérielle et intellectuelle est comme un arbre à fruits qui grandit avec le temps et la culture; et qu'il donne d'autant plus de fruits, d'ombrage ou de produits utilisables, qu'il a pu se développer pendant un plus grand nombre d'années sans interruption. Ils ne prennent pas garde que les arbres à pleine production et à plein vent, non plus que les futaies, ne s'improvisent pas; et que si l'on coupait tous les ans les arbres à fruits et les forêts, pour s'en partager le produit, on n'obtiendrait jamais que des bourgeons et des feuilles annuelles sans valeur. Eh bien! les richesses ne grandissent et ne deviennent stables, durables et fécondes que par la transmission et la succession des familles qui les cultivent, les étendent et les transmettent : c'est là l'œuvre des familles et non celle des individualités. Quelques individus habiles, et surtout rusés, peuvent, parfois et par des moyens exceptionnels, élever des fortunes rapides qui se composent, trop souvent, des dépouilles d'autrui; mais ces fortunes disparaissent presque toujours aussi rapidement qu'elles ont surgi, ou bien elles portent des fruits pleins d'amertume et de scandale et n'ont rien de comparable à l'heureuse influence des richesses ou des propriétés provenant des longs labeurs et de l'épargne de plusieurs générations. Les familles! voilà les unités productrices et conservatrices des richesses sociales, providences du travail intelligent et persévérant; champs d'asile de l'ouvrier prolétaire; avances, instruments et bases du travail qui doivent le conduire, à son tour, à l'épargne et à la possession.

Faux point de vue relatif aux richesses. — Mais la démocratie, qui n'a pourtant qu'un but raisonnable et légitime, celui d'assurer à chacun le produit de ses œuvres et la sécurité de sa personne, ne voit que les richesses produites, comme les arbres fruitiers tout venus : elle ne cherche pas comment les uns et les autres se sont formés et sont devenus d'une fécondité persistante et considérable: elle ne voit que le dénûment de ceux qui n'ont jamais rien épargné ou jamais rien planté, et il lui semble qu'il serait juste qu'ils envahissent les caisses ou les vergers des familles laborieuses, économes et prévoyantes, pour prendre une part de leurs produits ou pour transplanter leurs moyens producteurs : sans se douter que, par ces procédés, tous les produits disparaissent fatalement et que l'ouvrier et le prolétaire n'auront jamais de fruits et de revenus qu'en plantant, en produisant et en épargnant sur et par les secours et les avances des valeurs créées avant eux et sans eux, pendant un très-long temps.

Mais avec ses souverains de vingt et un ans, la démocratie n'a pas assez d'instruction, et elle a trop d'appétit et de passion pour rien comprendre à la puissance et aux lois de la nature, à l'enchaînement du travail de l'homme avec le temps, le sol et les sociétés; pour admettre comme facteurs sociaux les sentiments, le cœur, l'ardeur, l'émulation qui quadruplent les forces de la famille, son attachement et son culte pour ses œuvres solidaires; encore moins pour tenir compte de l'effet progressif de la transmission et de la perpétuation de ces œuvres. Avec de telles majorités, la démocratie brise toutes les forces sociales et les annule par l'antagonisme des intérêts et des besoins; elle casse la chaîne humaine à toutes ses élections, et la réduit à des monceaux d'anneaux isolés et sans connexité; elle anéantit ce privilége admirable du règne humain sur le règne animal, d'agrandir, d'éclairer et d'enrichir sa vie de toute la vie des générations précédentes. Par ses élections de législateurs et de souverains, renouvelées cinq à six fois dans la vie d'une seule génération, elle descend au-dessous de l'animalité qui suit au moins la même marche pendant tout le cours de sa vie.

LA NATION

Quatrième groupe social.

La famille est *l'alpha* et *l'oméga* de la puissance et de la civilisation des sociétés humaines par la tradition, par la production, par l'épargne, par la conservation, l'accroissement et la transmission des biens matériels, intellectuels et moraux. Toute société qui n'a pas la famille pour base et pour sommet ne saurait être ni progressive ni durable.

Le quatrième groupe social, formé d'un nombre indéfini de *familles*, réunies en *communes* et en *départements ou tribus*, est *la nation*, dont le souverain *de droit naturel* est le chef de la famille la plus ancienne et la plus élevée dans la hiérarchie sociale, comme dépositaire de la tradition la plus complète et par conséquent comme le guide le plus sûr dans la marche expérimentée, conservatrice et progressive de la société tout entière.

La Dynastie. — C'est cette famille qu'on appelle une dynastie : c'est elle qui représente ou doit représenter, formulées et groupées dans la souveraineté, la puissante influence de la paternité, de la maternité, de la filiation et de l'esprit qui les unit et les anime. C'est la famille dynastique, base de la monarchie héréditaire, qui seule peut représenter et symboliser toutes les personnalités, tous les sentiments, tous les attributs, toutes les œuvres de l'humanité, leur conservation, leur accroissement et leur transmission.

Si donc c'est l'unité fertile du genre humain, la famille, qui seule est, de fait et de droit, la base et le principe des sociétés, elle ne peut déléguer sa représentation, ses intérêts et ses pouvoirs qu'à une unité semblable à elle-même, qu'à une autre famille qui possède, éprouve et comprend tous les éléments, tous les instincts, tous les sentiments, tous les besoins, toutes les facultés, toutes les vertus et même tous les défauts essentiels à l'atôme humain.

Qu'est-ce, en effet, qu'un tiers de cet atôme, un mâle au dessus de vingt-un ans, élu à temps ou à vie, président d'une république ? Qu'est-ce qu'un souverain électif ? En quoi représente-t-il l'époux, le père, le fils et l'esprit qui les unit dans le passé, dans le présent et dans l'avenir d'un peuple de familles ? En quoi personnifie-t-il la tradition, la succession, l'hérédité ? C'est un simple homme d'affaires et non un monarque : c'est un régisseur, ce n'est pas même un père ; c'est un commis, ce n'est pas même un fils.

Les Républiques sont essentiellement des transitions. — Certes un liquidateur habile, un homme énergique de cœur, d'esprit et de talent, peut prendre momentanément en main les affaires d'une nation en défaillance ou en dissolution. Il peut, il doit même, grouper toutes les familles qui le délèguent par un vote général, en une sorte de République, comme étant le meilleur et le seul moyen naturel et légitime d'opérer une transition entre une défaillance et une restauration monarchique sur les meilleures bases et dans les meilleures conditions possibles : mais ce n'est là qu'une liquidation et une liquidation n'est point une constitution. Dès que la république est constituée, elle rentre immédiatement en discussion et en liquidation, par sa constitution même. En effet le suffrage universel et direct est inintelligent et inconscient de la vraie science sociale ; il ne peut connaître et désigner que des personnalités prochaines. Comme nous l'avons fait comprendre, il n'a rien de commun avec le vrai, le juste et le bien et n'exprime que la force du nombre par les majorités ; il ne peut donc créer des législateurs, ni former, par ses délégués, des assemblées législatives qui le satisfassent longtemps ; puisque lui-même ignore ce qui lui convient, et que les chambres elles-mêmes, divisées qu'elles sont d'opinion, ne peuvent deviner ni rédiger les lois d'une façon certaine. Le peuple souverain ne tarde pas à trouver, à déclarer mauvaises ces lois de circonstance, et à y résister. De là la nécessité de dissoudre l'assemblée législative, d'en nommer une autre, qui suivra nécessairement les mêmes errements et subira le même sort que ses devancières. Plus les assemblées sont nombreuses, plus elles sont incapables de s'approcher du vrai, du juste et du bien dans leurs résolutions; mais plus elles sont capables de se constituer en partis intéressés, passionnés, violents et de jeter le trouble, le désordre, la ruine et les révolutions au sein des sociétés qu'elles sont censées représenter et gouverner. Leur seul rôle utile et rationnel serait de se tenir en silence derrière un liquidateur habile et de lui prêter main forte.

Nous ne parlons ici que de la forme la plus républicaine; c'est-à-dire du suffrage universel gouvernant par ses élus, réunis en corps législatif et nommant le chef du pouvoir exécutif. Sous cette forme, il n'existe ni compétition ni conflit entre les pouvoirs, si ce n'est entre le peuple souverain et ses propres délégués, lorsque ceux-ci ne savent et ne peuvent inventer les lois qui le satisfassent à l'application : cela a toujours été et ce sera toujours le cas, parce que la foule et les assemblées sont aussi incapables les unes que les autres d'inventer les lois naturelles; c'est-à-dire les combinaisons et les rapports humains, aussi puissants que vrais dans leurs principes et dans leurs effets.

Nous ne saurions trop répéter que les lois des sciences physiques et naturelles n'ont été et ne sont découvertes que par les génies solitaires et méditatifs, et qu'il faut cent fois plus d'observation et de réflexion silencieuses et isolées pour approcher de la connaissance des lois sociales, morales et religieuses.

Quand une science n'est pas faite, c'est l'inspiration, l'art, le génie qui en devinent les secrets et les meilleures pratiques : c'est ce que l'art de la peinture et de la musique ont prouvé et prouvent encore; mais les foules et l'élite des foules n'y peuvent absolument rien, surtout à mesure qu'on s'approche plus des mystères de l'humanité. Pour expliquer ma pensée, par un exemple vulgaire, je citerai la cuisine, dont tout le monde fait usage, qui n'est pas encore une science et qui n'excelle que par les inspirations et les pratiques artistiques : eh bien! il ne sortirait du suffrage universel et des assemblées nommées par lui, que d'horribles gargotiers dont les ragoûts et les sauces tourneraient, s'aigriraient et révolteraient les plus robustes appétits. Il se trouverait sans doute quelque habile cuisinier dans les délégués, mais les majorités écarteraient avec soin ses propositions, de peur qu'il ne devînt le tyran de l'assemblée et de la nation.

Si la République la plus simple et la plus logique porte en elle-même les causes de son impuissance et de sa ruine, le cas est encore plus grave dans les républiques où le suffrage donne le pouvoir législatif aux uns, tandis qu'il donne à un autre le pouvoir exécutif. Ces deux puissances, s'appuyant sur une même force, n'ont et ne peuvent avoir ni trêve ni paix entre elles : le législatif faisant de pauvres lois, plus nombreuses que les jours de l'année; l'exécutif cherchant à éviter ce cataclysme et à le remplacer par quelques inventions non moins mauvaises, en est réduit à séduire ou à acquérir la majorité législative par tous les moyens possibles : mais les places, les honneurs, l'argent ne maintiennent pas longtemps ces majorités violemment attaquées par les minorités jalouses : de là les dissolutions et les réélections des corps législatifs; de là les plébiscites pour sanctionner les coups d'état; de là la fatigue et le dégoût des électeurs qui n'aiment point à être sans cesse appelés à prononcer entre l'exécutif et le législatif; de là les impatiences, les entraînements violents et les révolutions.

L'empire de Napoléon III était une république démocratique de ce genre; la royauté élue, ou plutôt acceptée, de Louis-Philippe n'était pas autre chose, à la constitution près. Tant que le moteur de la vie des sociétés, tant que l'applicateur des lois existantes et reconnues ne sera pas en dehors et au-dessus des volontés, des caprices, des passions et des entraînements aveugles du vulgaire ou de ses délégués; tant que le peuple se croira le pouvoir de faire ou de faire faire des lois nouvelles par ses mandataires et de résister aux lois anciennes, aucun gouvernement ne pourra rester debout devant le parlement, les clubs, les journaux et les diatribes des tribuns. Tant que le souverain d'un peuple, et surtout le souverain d'un peuple chrétien, ne portera pas en lui les principes de la perpétuité, de la succession et tous les attributs élémentaires de la famille, la nation sera en état de révolution perpétuelle, quelque nom et quelque forme qu'on donne à son gouvernement.

La meilleure République est celle qui se rapproche le plus de la Monarchie. — Si une république simple et directe, c'est-à-dire sans distinction ni opposition entre les lois et leur mise en œuvre, devait s'établir, elle aurait d'autant plus de chances de stabilité et de durée qu'elle rapprocherait plus son organisation des lois de la nature, et qu'elle maintiendrait mieux l'autorité, la discipline, la hiérarchie, les droits et les devoirs de la famille. Mais, pour arriver à la perfection, il faudrait que la base et le sommet, *l'alpha* et *l'oméga* sociaux, portassent le caractère de la succession familiale, c'est-à-dire que l'électorat et l'unité souveraine n'appartinssent qu'aux chefs de famille et aux grades qui élèvent l'homme dans la hiérarchie humaine par l'âge, l'état civil, la production, l'épargne et l'instruction; et que le moteur de toutes les familles, pour ne jamais interrompre la vie sociale, puisât sa force et sa continuité dans une famille dynastique, ce qui ramène la meilleure des Républiques à la monarchie héréditaire. Mais si la continuité de la vie républicaine est abandonnée à l'ignorance, à l'inexpérience et à la fougue passionnée du suffrage direct et des majorités de jeunes gens de vingt à trente ans, sans aucun stage domiciliaire, sans responsabilité de famille, sans preuve de capacité ni d'aucune instruction productives : si ces majorités nomment, séparément et en compétition, une assemblée destinée à faire des lois et un souverain pour les appliquer ; si ces majorités, composées d'individualités, idiotes dans leur vanité et dans la foi de leur science innée, se croient capables de donner des mandats impératifs à leurs délégués, la République est la plus inepte, la plus extravagante et la plus dangereuse des formes gouvernementales.

La physiocratie doit commander la marche des peuples. — Il existe dans la physiologie des corps sociaux, comme dans celle du corps de l'homme, des moteurs dont la puissance, encore inconnue dans son essence, n'en est pas moins irrésistible, et dont les effets sont évidents aux yeux les moins clairvoyants. C'est ainsi que l'*Islamisme* et le *Christianisme* ont entraîné les groupes sociaux en deux sens bien différents ; c'est ainsi que le *Judaïsme* a circulé, sans s'altérer et sans se désunir, à travers ces deux grandes transformations de sa propre existence. Quelques différences dans la reproduction légale de l'espèce, quelques contrastes dans la production, la conservation et la transmission des richesses; quelques nuances dans les préceptes et les actes religieux ont-ils suffi pour engendrer et maintenir trois genres de civilisation si opposés ? Est-il des peuples casaniers et producteurs par nature, trafiquants et voyageurs par prédestination organique ou bien par l'influence des besoins et des moyens primitifs ou des mœurs primordiales? Nous ne pouvons encore le savoir, et notre ignorance à cet égard prouve combien les plus savants d'entre les hommes sont loin d'avoir posé les fondements des sciences sociales, morales et politiques et surtout combien le vulgaire et les majorités sont incapables d'y rien comprendre et d'y rien faire de bon.

La seule voie de progrès ouverte aux connaissances politiques, morales et économiques est la voie qu'ont suivie les hommes de génie pour fonder solidement la physique, la chimie, la physiologie; c'est-à-dire l'observation et l'étude, non des procédés humains, non des institutions humaines, mais celles des procédés et des institutions de la nature.

Trente ans avant 1789, un savant médecin, un des génies désintéressés et chercheurs de vérités, le docteur Quesnay, avait présenté et formulé sommairement les principales bases de la vraie science sociale, fondées sur la *Physiocratie* ou *toute-puissance de la nature*. Si sa doctrine (1) avait été comprise, accueillie et vulgarisée, elle eût épargné à la France cent ans d'égarements et de catastrophes et élevé l'économie politique et sociale à la hauteur où la nomenclature de Guiton de Morveau a rapidement élevé la chimie.

Mais depuis trop longtemps, certains philosophes, et surtout l'illustre sophiste de Genève, avaient exalté la folle et orgueilleuse imagination des hommes, en proclamant la toute-puissance du peuple, et préparé ainsi l'avénement de *la Démocratie* contre *la Physiocratie* qui ne fit qu'apparaître, pour être aussitôt honnie et rejetée honteusement par des populations affolées de liberté, d'égalité et de souveraineté.

Diverses phases démocratiques. — A partir de 1789, les masses populaires des villes, des clubs, des as-

---

(1) Cette doctrine a été mise dernièrement en pleine lumière par M. Léonce de Lavergne, dans une de ses plus récentes et des plus remarquables publications.

semblées, entraînées par les partis, par les publicistes, par les orateurs, firent réellement la loi, le droit, l'autorité, la hiérarchie : tout fut inspiré, réclamé, résolu et imposé par l'ignorance absolue des vraies lois de la nature et par l'application directe des besoins, des passions et de la force : tout fut enlevé par la lutte et le scandale des antagonismes des rues et des tribunes, à la majorité des clameurs et des votes, sans le moindre souci du vrai, du juste et du bien, sans le moindre rapport avec la science.

C'est ainsi que les électeurs, par leurs mandats impératifs, les assemblées, par les séductions d'une éloquence aussi creuse que retentissante et par les intrigues des partis, firent passer successivement la France, par la République des inspirations sentimentales, à la République de la suspicion, de la proscription, de la terreur, de la spoliation et de l'égorgement juridiques et extralégaux : de cette République on arriva à celle du luxe, de l'orgie, de l'impudeur publiques, laquelle conduisit au despotisme militaire et à l'autocratie du premier empire, qui seul échappa à l'action dissolvante de la souveraineté du peuple. Mais cette souveraineté reprit bientôt ses attaques contre la restauration de l'ancienne monarchie, promptement abattue et remplacée par la royauté citoyenne, qui fut chassée à son tour par la République de 1848; étrangement et honteusement absorbée elle-même par le second empire; lequel s'est effondré, au dedans, par les libertés des réunions, de la presse, des grèves, des débats parlementaires, et surabondamment par l'invasion des ennemis du dehors ! En présence même et sous le feu de l'ennemi, s'accomplit la réinstallation arbitraire de la République, le 4 septembre 1870. Et enfin, dans les mains encore de cet ennemi victorieux, éclata une révolution sociale et insurrectionnelle de la Commune de Paris, le 18 mars 1871, contre l'Assemblée nationale régulièrement élue.

Dans toutes ces phases, sous toutes ces périodes, excepté celle de l'autocratie du *grand Napoléon*, c'est la démocratie républicaine et communiste qui a miné et détruit toutes les formes gouvernementales, y compris les formes républicaines elles-mêmes, qu'elle a renversées le plus vite et le plus complétement. C'est la démocratie qui a dissous les familles, détruit toute religion, toute moralité, toute honnêteté industrielle, commerciale et financière, toute discipline, tout courage et toute vertu civile et militaire ; c'est elle qui a livré la France à l'étranger par son ignorance absolue de toute science et par sa révolte constante contre toutes les lois naturelles, au profit du plus sale et du plus lâche égoïsme.

Comment la démocratie est anarchique. — Non-seulement la démocratie n'est pas et ne peut être un principe d'association, mais elle constitue partout l'antagonisme, l'anarchie ou la dissolution, en attribuant à chaque mâle de vingt-un ans et au-dessus une part égale de souveraineté et en remplaçant toute vérité, toute loi, tout droit et toute justice, par la force du nombre, c'est-à-dire par les majorités. Le génie, la science, la raison, la vertu (c'est-à-dire l'amour, le culte et la pratique du bien, du juste et du vrai) étant les attributs d'un nombre d'hommes infiniment petit (tout le monde le reconnaît), le vrai, le juste et le bien seront toujours aperçus et adoptés par les individualités et les minorités d'abord, et méconnus et repoussés, avec clameur et colère, par les majorités.

Dans un roman philosophique du dix-huitième siècle, roman très-hardi et très-fort, un personnage demande à un autre pourquoi le génie est toujours méconnu, proscrit, martyrisé. L'explication de cette singularité est très-simple, répond l'interpellé : sur cent personnes réunies en assemblée, un homme de génie expose une vérité : neuf auditeurs, et c'est beaucoup, sont assez instruits et assez intelligents pour la comprendre et la reconnaître ; mais les quatre-vingt-dix autres ne saisissant rien de la proposition, si ce n'est qu'elle les ennuie et les gêne, décident qu'elle n'a pas le sens commun, qu'elle attaque toutes les idées reçues, que son auteur trouble la société et qu'il faut le pendre. Ce que voyant les neuf auditeurs assez intelligents pour comprendre la vérité, mais pour juger aussi qu'il ne fait pas bon soutenir ce qui choque la majorité, se hâtent de passer de son côté, d'aider à pendre le génie et de tirer, plus fort que tous les autres, la corde du génie pendu.

Tel est le mécanisme et les effets des majorités ignorantes ; et toutes les majorités sont parfaitement ignorantes en physiocratie, comme en physiologie, comme en physique, comme en toutes sciences, dont la vie d'un homme suffit à peine pour connaître l'A, B, C.

La démocratie ne se perfectionne pas. — Des optimistes s'en vont partout, disant que la démocratie fera son éducation ; qu'avec le temps elle apprendra le maniement du suffrage universel et de la souveraineté du peuple ; qu'en attendant, il faut apprendre à lire, à écrire et à compter à tout le monde et que, peu à peu, les lumières rétabliront la bienveillance, la sagesse et la vertu. Mais ceux-là oublient qu'une génération nouvelle naît tous les jours et que chaque génération ne peut être plus sage qu'une autre qu'en se pénétrant de la sagesse des générations précédentes ; c'est-à-dire en étudiant et en respectant la tradition ; c'est par là, en effet, que l'humanité s'élève au-dessus de tous les animaux : mais la démocratie, en déclarant libre et souverain l'homme de vingt-un ans, donne à chaque génération la faculté de recommencer une existence nouvelle ; faculté que possède tout animal adulte et dont il use pour tourner dans le même cercle vital, sans profiter en rien de l'héritage intellectuel et matériel du passé et sans en rien transmettre à l'avenir ; c'est à cette dégradation que conduit la démocratie en recommençant cinq à six fois la vie sociale dans le cours d'une existence humaine ; l'histoire est là, d'ailleurs, pour prouver que les Républiques ne brillent qu'à leurs débuts; qu'elles se corrompent toujours et ne s'améliorent jamais.

La démocratie n'a pas de frein. — Ce que la démocratie présente de plus dangereux et de plus horrible, c'est qu'elle n'a ni frein ni contre-poids à l'absolutisme de ses décisions : ainsi les majorités démocratiques, c'est-à-dire le nombre et la force, peuvent décider despotiquement de tous les actes d'une nation ou d'un groupe social quelconque, d'une commune, par exemple, qu'elles entendent gouverner : ainsi, elles peuvent décider légalement l'emprisonnement, l'esclavage et la mort de la moitié, moins quelques membres, des populations; à plus forte raison l'arrestation, l'exil, la mort de diverses classes et de tout individu. Le pillage, la confiscation, le partage de tous les biens; la liberté et la pluralité des femmes; les mariages au soleil, la négation de la famille; l'élève, l'instruction et l'éducation des enfants en commun; l'égalité des salaires ou la vie de tous à la même gamelle : la suppression de toute pénalité, depuis l'amende, jusqu'à la peine de mort. Elles peuvent décider et imposer légalement la suppression ou la pratique de telle ou telle religion ; l'existence ou la négation de Dieu et de l'âme : en un mot les majorités démocratiques peuvent consacrer légalement tous les actes les plus arbitraires, les plus violents et les plus monstrueux, sans opposition possible.

Certes, on se plaît à croire, ou du moins à espérer, que rien de pareil ne pourrait être conçu, admis et appliqué par la démocratie. Hélas ! la Commune de 1793 et celle de 1871 ont prouvé, par leurs actes, qu'il était permis de tout craindre dans la voie de ces excès ! Mais ces excentricités atroces n'eussent-elles jamais existé, que toute formule sociale qui peut les rendre possibles, doit être rejetée par tous les hommes instruits, honnêtes et sages.

Dans un petit traité *De la vraie démocratie*, publié en 1848 par l'Académie des sciences morales et politiques, M. Barthélemy-Saint-Hilaire montre l'impossibilité où est cette forme sociale de se gouverner, tout en en faisant l'apologie. Il admet, avec Montesquieu, que son principe moteur est la vertu et que ce principe est encore mieux exprimé, par Platon, sous le nom de justice : or, les majorités n'étant ni vertueuses, ni justes, puisque les vertueux et les

justes sont toujours en minorité, elles ne peuvent transmettre à leurs députés ni accepter qu'ils professent les vertus qu'elles n'ont pas : donc les gouvernants démocrates n'auront jamais les qualités essentielles au gouvernement de la démocratie ; donc la démocratie ne peut se gouverner ; ce qui est parfaitement vrai en histoire et en science comme en logique. Le gouvernement de tous par tous est le cercle vicieux le plus complet ; c'est la quadrature du cercle ; c'est le mouvement perpétuel ; c'est la reproduction de la cause par l'effet : c'est un chapitre de la folie humaine. M. Barthélemy-Saint-Hilaire dit encore fort judicieusement : « La démo-
» cratie n'aura de limites que celles qu'elle saura
» s'imposer à elle-même. Quand le monarque ou le
» corps aristocratique, chargé du gouvernement,
» commet des fautes et des excès, il y a toujours
» près de lui, à ses côtés, la nation qui peut arrêter
» le mal dont elle souffre et rétablir, même par la
» force, l'équilibre rompu. Mais chez une nation
» souveraine, maîtresse absolue de la toute-puis-
» sance, n'ayant plus qu'elle-même pour sauvegarde
» et pour guide, toutes les fautes sont possibles et
» elles sont irréparables, en ce sens qu'elles ne peu-

» vent être réparées que par celui même qui les a
» commises et que l'on se corrige bien difficilement
» soi-même. »

En effet, le pouvoir démocratique est le plus arbitraire, le plus aventureux et le plus implacable de tous les pouvoirs.

Caractère de la monarchie. — La monarchie dynastique héréditaire n'est ni une dictature, ni une autocratie, ni un pouvoir arbitraire; encore moins un pouvoir illimité et indéfini. C'est une famille tout entière, exemple et guide de toutes les autres unités familiales, dont le chef est chargé de maintenir les lois, les droits et les devoirs, pour tous comme pour lui-même. Il entretient et perpétue la vie, le mouvement et le progrès de la nation, mais il ne crée ni ses lois, ni ses mœurs.

Comme l'ont proclamé les sages et les savants de tous les temps : les hommes, les familles, les tribus, les nations se forment, s'entretiennent, se perpétuent et progressent selon les lois éternelles et immuables de la nature et de son principe créateur, en dehors et au-dessus des erreurs et des révoltes humaines; la sagesse et le pouvoir de l'homme se bornent à les chercher, à les découvrir, à les étudier et à s'y soumettre.

Or, la première et la plus naturelle des associations humaines est la famille, qui contient en effet tous les éléments, tous les principes, toutes les conditions du gouvernement des nations. C'est dans cette seule unité, reproductrice du genre humain, que l'humanité trouvera les bases et les lois de la science sociale, économique et politique ; l'autorité paternelle ; — la soumission filiale ; — le respect de la femme épouse, mère et sœur ; — la fraternité ; — la hiérarchie de l'âge ; — le travail proportionné aux forces et aux aptitudes ; — la consommation réglée ; — la prévoyance, l'épargne, l'appropriation des œuvres, leur transmission : l'héritage et la tradition des ascendants, accrus et transmis aux descendants : en un mot, cet anneau de la chaîne humaine est attaché au passé et à l'avenir avec toutes les forces, toutes les propriétés et toutes les affinités de l'atôme complet et reproducteur du genre humain.

Toutes les sociétés humaines, tous les groupes de ces sociétés, la commune, la province, la nation, doivent être le reflet de l'organisation familiale, sous peine de dégradation et de misères sans fin.

C'est dans ce sens sublime et dans cette vérité, que le christianisme a vu en Dieu la paternité, la filiation, l'esprit qui les unit; et qu'il a assis la mère pure et sainte à la droite de Dieu, le père. Aussi, pendant plus de dix-huit siècles, la civilisation chrétienne a-t-elle atteint une hauteur jusqu'à elle inconnue. Tel est, en effet, le vrai symbole de la marche régulière et progressive du genre humain vers la perfection céleste; de même que la famille dynastique est le type et le guide de toutes les familles dans la sécurité, dans la prospérité et vers le bonheur terrestre.

Le pouvoir de la monarchie dynastique est très-limité. — Jamais une dynastie ne mettra en question l'autorité paternelle et maternelle, la déférence et la soumission filiales, le respect dû à la femme épouse, mère et sœur; jamais elle ne reniera la hiérarchie d'état, d'âge et d'aptitude. Jamais elle ne contestera la propriété, son héritage, son extension, sa transmission : jamais elle ne rompra volontairement la chaîne qui relie l'humanité et ses œuvres présentes, au passé et à l'avenir : jamais elle ne foulera aux pieds la tradition nationale qui fait son titre et son honneur. Si elle tentait ces folies, la nation tout entière l'arrêterait dans ses écarts.

Si, d'ailleurs, le rôle d'une famille dynastique est plus élevé que celui de toutes les autres familles, sa nature ni son pouvoir n'ont rien d'exceptionnel ni de différent. Son chef, comme père, a tous les droits et tous les devoirs des pères; et, comme souverain, il n'a d'autre mission que celle d'assurer la sécurité des personnes et de leurs propriétés; d'observer et de faire observer les lois; de respecter et de faire respecter les mœurs; de protéger, de conserver et de défendre le sol national et sa population et surtout d'assurer la succession de la souveraineté; de ne laisser aucune intermittence, aucune interruption dans la vie sociale. Mais il n'a ni à faire des lois, ni à imposer sa propre volonté. Les Rois, les peuples souverains ou leurs assemblées qui prétendent improviser, ou créer des lois à leur fantaisie, sont dans une voie de perdition assurée.

Recherche et adoption des lois. — Les hommes n'ont jamais su ni pu faire les lois, je le dis encore ici. Etudier les rapports des hommes entr'eux et avec l'univers ; chercher, trouver, vulgariser et mettre en pratique ce qu'il y a de vrai, de juste et de bien dans ces rapports ; voilà la seule faculté, la seule mission du législateur. Or, l'œuvre du législateur ne peut sortir que de l'observation, de l'étude, de la méditation des rares génies de l'humanité qui aperçoivent la vérité, la dégagent de son obscurité, l'exposent et l'expliquent aux savants d'abord (les seuls qui soient en état de la reconnaître et de la contrôler) ; puis au public, qui finit par la comprendre et par l'accepter, comme il a compris et accepté les lois de la pesanteur, de la chaleur, de la lumière, de l'électricité.

Quand l'opinion publique est fixée sur la réalité et l'importance de la loi découverte, cette loi s'impose naturellement au souverain qui doit la faire traduire en termes clairs et précis, par ses Ministres, qui la soumettent à l'examen et à l'adoption des conseillers députés, représentants de la nation : elle prend alors place au Code national, que les magistrats de tous les ordres sont chargés de faire respecter par le monarque et sa famille aussi bien que par toutes les autres familles et les fractions de famille.

Fabrique de lois. — C'est une erreur capitale du dix-huitième et du dix-neuvième siècles d'avoir cru et admis qu'on peut établir un corps de députés produisant des lois en permanence et à la mode.

L'homme, en regard de la nature, est supérieur aux animaux; mais de très-peu, et nous avons précisé en quoi consistait sa supériorité qui ne le sort point des liens étroits et infrangibles de la nature : il accomplit donc sa vie, comme les oiseaux, comme les mammifères, comme les autres animaux qui obéissent à leurs lois de reproduction, d'entretien et de défense, sans les discuter, sans les amender, sans même les connaître et leur vie n'en est que plus régulière, plus tranquille et plus heureuse. C'est surtout par les déviations et les perversions de son esprit, et pour servir ses intérêts et ses passions du moment, que l'homme veut transformer, chaque jour, toutes ses prétentions en lois; et la division, la diversité des opinions des assemblées n'est pas en état de refuser satisfaction à l'exposé, à l'insistance ou la violence de ces prétentions.

La conception du simple et du vrai est la dernière à paraître au milieu d'une foule de détails et de subtilités. Autrefois, le *décalogue* suffisait à guider les hommes dans le bien, le juste et le vrai : aujourd'hui un *myrialogue* serait à peine suffisant pour légitimer l'impiété, la ruine, les mauvais traitements, la destruction de ses semblables; l'exploitation des parents par leurs enfants; des patrons par les ouvriers; l'usure d'argent, de production, d'échange et de travail; l'inégalité et l'immoralité des impôts ; le vol, la faillite, la fraude; la luxure, l'adultère, la séduction des filles par les hommes, la spoliation des hommes par les filles : le ridicule, le scandale, la calomnie déversés sur la vie privée et publique par les spéculateurs en nouvelles : toutes ces infamies sont tolérées, réglées et mesurées par des lois sans nombre, confectionnées à l'usage et sur les instances de ceux qui s'en servent, comme d'une patente de sûreté. De pareilles lois déterminent plus de gêne, plus d'injustices, plus de luttes, plus de délits, de crimes et de démoralisation que si elles n'avaient jamais été formulées : aussi, tous les ans, on réclame leur changement; et quand elles sont changées, les réclamations recommencent.

On peut réduire à peu de formules les meilleurs principes de la conduite humaine et de la vie sociale.

1. Adorer un seul Dieu, principe de toutes choses et créateur de l'univers.

2. Honorer, servir et soutenir son père, sa mère et ses aïeux.

3. S'unir, en légitime et indissoluble mariage, entre un seul homme et une seule femme ; s'interdire tout autre rapport charnel.

4. Elever ses enfants dans la sagesse et le travail ; leur en enseigner les préceptes et la pratique sous l'autorité, la discipline et la hiérarchie familiales, dans la fraternité et dans le respect des sexes.

5. Vivre de son travail et du travail familial ; en entretenir sa famille et ses enfants jusqu'à ce que ceux-ci s'établissent et vivent séparément de leur travail.

6. Produire le plus possible de choses nécessaires à la vie : épargner le superflu et en faire un élément de production à utiliser ou à transmettre.

7. Aimer, secourir, défendre sa famille, ses proches, sa patrie et les gens de bonne volonté ; faire pour les autres ce qu'on souhaiterait que les autres fissent pour soi.

8. Ne nuire à personne volontairement et réparer tout dommage causé à autrui.

9. Ne pratiquer l'usure ni de l'argent, ni des produits, ni du travail; ne jamais mesurer le prix du service à la détresse de celui qui en a besoin.

10. Tenir ses engagements et payer scrupuleusement ses dettes.

11. Ne tromper ni par faux témoignage, ni par fraude, ni par mensonge.

12. Ne convoiter, ne prendre et ne retenir le bien d'autrui ni directement ni indirectement.

13. Ne tuer, ne blesser et ne faire violence à aucune créature humaine.

14. Contribuer, selon ses forces et ses ressources, à la défense et à la dépense communes.

15. Se soumettre aux lois de son pays et obéir aux autorités qui les appliquent.

Inquisition publique. — Une autre erreur, non moins funeste, que la manie de légiférer à jet continu, réside dans l'opinion que, non-seulement tous les actes du gouvernement doivent être livrés à la connaissance du public, à l'instant même où ils sont accomplis, préparés et même médités, mais encore tous les faits, toutes les anecdotes, tous les accidents privés ou publics, afin d'être rapportés, commentés, critiqués, attaqués par les nouvellistes ou par chaque membre des assemblées publiques ; et à défaut d'actes, de faits, d'anecdotes, de projets à l'étude, les publicistes et les tribuns s'arrogent le droit de suspecter, de questionner, d'interpeller et d'insulter hypothétiquement et sous toute réserve, le gouvernement, les administrations, les familles et les particuliers. Sous un pareil régime aucune société, aucun gouvernement ne peuvent subsister, ni à l'état de république, ni à l'état de monarchie, ni sous aucune autre forme qu'on puisse imaginer ; c'est le commérage, la médisance, la calomnie directe ou par insinuation ; c'est le servage et le *Brimage* érigés en institution légale au profit des plus nuisibles et des plus effrontés spéculateurs. C'est — sous cette double influence que les populations, depuis 1789, sont sans cesse occupées à surveiller, à réformer leurs lois, leurs institutions, leurs administrations, leurs gouvernements qu'elles chassent devant elles, à cor et à cri, comme une harde de bêtes fauves dont elles convoitent la curée. Jamais l'oubli de tout sens moral, de toute dignité, de toute délicatesse, de toute loyauté, n'a été porté aussi loin qu'aujourd'hui.

Pas de parlementarisme. — Le rétablissement de la famille, de ses lois, de son Gouvernement, de son culte, la physiocratie en un mot, peut seule arrêter la dissolution sociale engendrée par la *démocratie;* et le Gouvernement naturel ou physiocratique des peuples est la monarchie dynastique héréditaire.

La monarchie familiale n'admet point le parlementarisme, qui est une des formes les plus stériles et les plus dissolvantes de la démocratie : la monarchie demande ses subsides au Conseil national, composé d'un député élu par les Conseillers municipaux dans chaque arrondissement. Ce Conseil accorde ou refuse les dépenses; il fixe également les rapports et conditions de l'admission des produits étrangers sur le marché intérieur; il accepte ou repousse les déclarations de guerre; enfin, il enregistre ou refuse d'enregistrer, au Code de la nation, les lois nouvelles proposées par la monarchie; en peu de mots, la nation, par ses députés, délimite l'impôt d'argent, l'impôt du sang, équilibre ses produits avec ceux de l'étranger et reste maîtresse de ses lois. Toute autre attribution de la chambre des députés est perturbatrice et révolutionnaire.

Sur ces bases et sur ces simples données, les

familles, les communes, les départements, administrant eux-mêmes leurs intérêts privés, le monarque gouverne par les lois générales existantes, comme le conducteur d'un train gouverne sa locomotive ; sans s'aviser de refaire les lois qui ont créé et qui animent le mécanisme de celle-ci, lois trouvées par les Papin, les Fulton, les Stéphenson, les Séguin, les Clapeyron, etc., et que leurs pareils peuvent seuls perfectionner.

Le progrès consiste aujourd'hui, bien plus à détruire un fatras de lois inutiles et fausses et à enrayer la manie de légiférer, qu'à favoriser cette production malsaine : ainsi, toutes les lois sur la presse, sur les réunions, sur les grèves, sur les coalitions, doivent disparaître pour rentrer dans cette simple expression : *Nul n'a droit d'exploiter autrui ni de nuire à autrui, par paroles, par écrit et par actions : tout dommage causé à autrui, toute exploitation d'autrui doivent être réprimés et réparés.* La moitié des lois pourrait disparaître et la justice et l'équité seraient plus assurées par ces principes de droit commun que par des lois spécifiées. C'est ainsi que le droit commun de l'impôt, qui réside dans *l'obligation pour chacun de concourir aux charges de l'Etat, en proportion de ses ressources,* est méconnu, violé, détruit par chaque loi spéciale à l'usage des diverses branches de la fiscalité; il y a donc là encore bien plus de lois à détruire qu'à faire; il en est de même dans la législation foncière, mobilière, industrielle, commerciale, administrative; où le vrai, le juste et le bien sont visiblement et légalement outragés.

Mais pour défricher les lois, dira-t-on, il faut une autorité, un pouvoir constitués comme pour les faire. Sans doute. Aussi est-ce là ce qui justifie les transitions républicaines, dictatoriales ou despotiques, qui permettent de faire tout le bien ou tout le mal possible. Le malheur de notre époque est le manque d'instruction et de science qui permette de discerner le vrai du faux, comme on le discerne en chimie, en physique, en mécanique. C'est pourquoi les sociétés sont encore beaucoup plus solides et plus heureuses, assises sur leurs bases naturelles et traditionnelles, qu'entraînées par des théories aventureuses. Voilà cent ans que nous fabriquons des lois nouvelles qui nous ont menés à de tristes fins, le moment de nous recueillir n'est-il pas venu !

La première et la plus importante observation qui

résultera de ce recueillement, c'est qu'entre les classes pauvres, prolétaires et ouvriers qui veulent à tort détruire, en les dilapidant, les richesses qu'ils n'ont pas produites; et les classes aisées et riches qui entendent, avec raison, conserver les biens dus à leur travail, à leur épargne successive et accumulée par elles et par leurs familles, il s'est interposé des institutions fiscales, financières, industrielles et commerciales, qui épuisent les profits des classes ouvrières par la cherté de la consommation et ceux des classes propriétaires par les charges et les réductions imposées à la production et surtout par les coalitions et par la concurrence et l'artifice des capitaux fictifs opposés aux capitaux effectifs.

S'il en est ainsi, et il en est réellement ainsi, on constatera que le débat entre les riches et les pauvres, c'est-à-dire entre le travail passé, épargné, et le travail actuel, militant, est une comédie que les bureaucrates, les fiscaux, les financiers et les usufruitiers du Crédit industriel et commercial font jouer publiquement à leur profit par le propriétaire et le prolétaire; bien résolus, eux, bureaucrates, fiscaux et agioteurs, à rester dans la coulisse et à garder les lois qui garantissent les exactions, les abus et les priviléges, au moyen desquels ils s'emparent de la plus grande partie des richesses sociales.

Si une monarchie ne se sentait ni la force, ni la volonté, ni les connaissances nécessaires pour renverser et détruire ce vaste laboratoire d'usure, d'iniquités et de vol; si une monarchie ne se sentait ni la force, ni la volonté de rétablir l'autorité, la hiérarchie, la discipline et la justice familiale et sociale, c'est-à-dire le respect absolu du bien, du juste et du vrai, il serait inutile qu'elle prétendît aujourd'hui au Gouvernement de la France; car le volcan des révolutions y conserverait tous ses éléments et toute sa tension d'éruption, et la République offrirait encore plus de chances de l'éteindre qu'une monarchie aussi peu ferme dans sa moralité et dans son autorité que la nation à restaurer.

Conclusion. — L'auteur, dans ce manifeste, s'est prononcé assez énergiquement en faveur de la monarchie dynastique héréditaire, pour avoir le droit de dire ici que la majesté paternelle ne peut s'asseoir, avec avantage et sécurité pour tous, au milieu d'un peuple désorganisé matériellement et moralement, avant que ce peuple ait été rassuré et remis sur ses bases naturelles. Une sorte de dictature est donc nécessaire entre l'anarchie et la monarchie pour liquider la situation. La meilleure forme de ce pouvoir temporaire réside dans une assemblée nationale loyalement élue et disposée à soutenir le liquidateur habile qu'elle a choisi, jusqu'à l'accomplissement de sa périlleuse et patriotique mission. Que les monarchistes, auxquels l'avenir appartient, se gardent donc de toute impatience et de toute précipitation, car le salut et la stabilité de la France monarchique dépendent d'une transition républicaine bien utilisée et habilement conduite.

Nota. Cette étude est un simple commentaire des *Paradoxes de 1789 et les vrais Principes sociaux*, ouvrage publié au mois de janvier 1870, chez Dentu, au Palais-Royal, galerie d'Orléans, 17. Un volume grand in-18. Prix : 3 fr. 50.

TABLE

Avant-propos 5
Introduction. 7
Considérations préliminaires sur l'homme dans l'univers 11
L'homme est l'esclave et non le maître du monde. 14
L'homme est l'esclave et non le maître de son organisation. 15
Vie intellectuelle et organique de l'homme. . . . 17
Pauvre bilan de l'intelligence humaine. 20
Facultés distinctives du genre humain 22
C'est par sa soumission intelligente et non par sa résistance que l'homme prouve sa supériorité. . 23
La vie spirituelle de l'homme et son résumé scientifique 24
Résumé des préliminaires 29
Bases des inégalités et de la hiérarchie humaines. 30
A quel degré de la hiérarchie humaine appartient le suffrage. 33

Le suffrage du mâle de vingt-un ans et au-dessus n'est point un suffrage universel	35
La Famille. Premier groupe social	36
La démocratie est étrangère à la famille.	37
La démocratie méconnaît la puissance productrice des familles.	41
La démocratie et la famille sont antagonistes. . .	43
La Commune. Deuxième groupe social	44
Le Département. Troisième groupe social.	47
Les communes et les départements doivent élire leurs magistrats	49
Le droit du suffrage réservé au chef de la famille.	51
Les familles font les richesses sociales.	52
Faux point de vue relatif aux richesses	53
La Nation. Quatrième groupe social.	55
La Dynastie.	56
Les Républiques sont essentiellement des transitions.	57
La meilleure République est celle qui se rapproche le plus de la Monarchie.	63
La physiocratie doit commander la marche des peuples.	64
Diverses phases démocratiques.	66
Comment la démocratie est anarchique	69
La démocratie ne se perfectionne pas	71
La démocratie n'a pas de frein.	72
Caractères de la Monarchie.	75

Le pouvoir de la Monarchie est très-limité. . . .	77
Recherche et adoption des lois.	78
Fabrique de lois	80
Inquisition publique.	
Pas de parlementarisme	85
Conclusion	89

www.ingramcontent.com/pod-product-compliance
Lightning Source LLC
LaVergne TN
LVHW052104090426
835512LV00035B/982